AMENDEMENTS

Au Projet de Loi voté le 28 Octobre par la Chambre des Députés

SUR

LES ACCIDENTS DU TRAVAIL

PROPOSÉS AU SÉNAT

PAR LA

CHAMBRE DE COMMERCE D'ANGERS

ET DE MAINE-ET-LOIRE

Séances des 25 Novembre, 2 et 3 Décembre 1897

ANGERS

GERMAIN & G. GRASSIN, IMPRIMEURS-LIBRAIRES

40, rue du Cornet et rue Saint-Laud

1898

AMENDEMENTS

Au Projet de Loi voté le 28 Octobre par la Chambre des Députés

SUR

LES ACCIDENTS DU TRAVAIL

PROPOSÉS AU SÉNAT

PAR LA

CHAMBRE DE COMMERCE D'ANGERS

ET DE MAINE-ET-LOIRE

Séances des 25 Novembre, 2 et 3 Décembre 1897

ANGERS

GERMAIN & G. GRASSIN, IMPRIMEURS-LIBRAIRES

40, rue du Cornet et rue Saint-Laud

—

1898

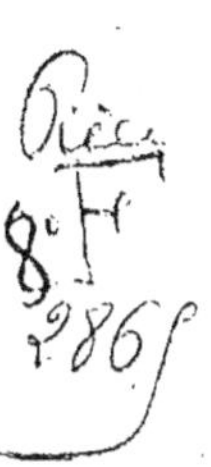

CHAMBRE DE COMMERCE D'ANGERS

ET DE MAINE-ET-LOIRE

Séances des 25 novembre, 2 et 3 décembre 1897

Projet de loi sur les responsabilités des accidents dont les ouvriers sont victimes dans leur travail

Messieurs les Sénateurs,

La Chambre de Commerce d'Angers et de Maine-et-Loire, vivement émue par la lecture du projet de loi, voté par la Chambre des Députés, dans la séance du 28 octobre 1897, sur les responsabilités des accidents dont les ouvriers sont victimes dans leur travail, a l'honneur de vous communiquer le résultat de ses études et de ses délibérations.

Elle saisit l'occasion de se plaindre, tout d'abord, de ce que les Chambres de Commerce n'aient pas reçu les documents nécessaires, pour leur permettre de formuler leur avis, sur un projet de loi touchant aux plus graves intérêts de l'industrie, alors qu'elles ont été instituées pour donner au Gouvernement leur opinion dans ces questions.

Ce projet de loi, qui semble fait dans le but unique de fixer et de garantir les rentes dues, en cas d'accident, aux ouvriers, impose aux patrons des obligations ruineuses pour l'industrie, et met en mouvement une organisation coûteuse et compliquée, pour atteindre un résultat insignifiant, étant donné que, d'après l'affirmation de M. le Ministre du Commerce, l'insolvabilité des patrons, dans l'industrie, ne dépasse pas la proportion de quatre pour mille !

Au nom des intérêts industriels, dont nous avons la garde, nous vous demandons donc instamment, Messieurs les Sénateurs, de vouloir bien tenir compte des différents amendements que nous avons l'honneur de vous soumettre.

Veuillez agréer, Messieurs les Sénateurs, l'expression de nos sentiments les plus dévoués et les plus distingués.

MAX RICHARD, *Président.*
J. BESSONNEAU, *Vice-Président.*
A. BAZIN, *Secrétaire-Trésorier.*
J. BIDEAU, *Membre.*
DOMINIQUE DELAHAYE, *Membre.*
G. CORMERAY, *Membre.*

Rédaction du projet de loi voté par la Chambre des Députés

Art. 3. — Dans les cas prévus à l'article premier l'ouvrier ou l'employé a droit :

Pour l'incapacité absolue et permanente, à une rente égale aux deux tiers de son salaire annuel ;

Pour l'incapacité partielle et permanente, à une rente égale aux deux tiers de la réduction que l'accident aura fait subir au salaire ;

Pour l'incapacité temporaire, à une indemnité journalière égale à la moitié du salaire touché au moment de l'accident, si l'incapacité de travail a duré plus de quatre jours.

Lorsque l'accident est suivi de mort, une pension est servie aux personnes ci-après désignées, à partir du décès, dans les conditions suivantes :

A. Une rente viagère égale à 20 o/o du salaire annuel de la victime pour le conjoint survivant non divorcé ou séparé de corps, à la condition que le mariage ait été contracté antérieurement à l'accident ;

B. Pour les enfants, légitimes ou naturels, reconnus avant l'accident, orphelins de père ou de mère, âgés de moins de dix-huit ans, une rente calculée sur le salaire annuel de la victime à raison de 15 o/o de ce salaire s'il n'y a qu'un enfant, de 25 o/o s'il y en a deux, de 35 o/o s'il y en a trois et de 40 o/o s'il y en a quatre ou un plus grand nombre.

Pour les enfants orphelins de père et de mère, la rente est portée pour chacun d'eux à 20 o/o du salaire.

Amendements proposés par la Chambre de Commerce d'Angers et de Maine-et-Loire

Art. 3. — Dans les cas prévus à l'article 1er, l'ouvrier ou l'employé a droit :

Pour l'incapacité absolue et permanente à une rente égale à **50 0/0** de son salaire annuel ;

Pour l'incapacité partielle et permanente, à une rente égale à **50 0/0** de la réduction que l'accident **aurait** fait subir au salaire ;

Pour l'incapacité temporaire, à une indemnité journalière égale à **50 0/0** du salaire touché au moment de l'accident, si l'incapacité du travail a duré plus de quatre jours.

Lorsque l'accident est suivi de mort, une pension est servie aux personnes ci-après désignées, dans les conditions suivantes :

A. Une rente viagère égale à **20 0/0** du salaire de la victime pour le conjoint survivant non divorcé ou séparé de corps, à la condition que le mariage ait été contracté antérieurement à l'accident ;

Au conjoint qui contracterait un nouveau mariage, la rente cesserait d'être payée un an après la célébration de ce mariage.

B. Pour **tous** les enfants, légitimes ou naturels, reconnus avant l'accident, orphelins de père ou de mère, âgés de moins de **seize** ans, **une rente globale de 25 0/0, qui sera payée jusqu'à ce que le plus jeune de ces enfants, quel que soit leur nombre, dépasse sa seizième année.**

Pour les enfants orphelins de père et de mère, **la rente globale est portée à 30 0/0, quel que soit leur nombre, et**

Rédaction du projet de loi voté par la Chambre des Députés

L'ensemble de ces rentes ne peut, dans le premier cas, dépasser 40 o/o du salaire ni 60 o/o dans le second ;

C. Si la victime est célibataire, pour les ascendants qui étaient à sa charge, une rente viagère à chacun d'eux égale à 10 o/o de son salaire annuel sans que le montant total puisse dépasser 30 o/o.

Chacune de ces rentes est, le cas échéant, réduite proportionnellement.

Les rentes constituées en vertu de la présente loi sont incessibles et insaisissables.

Art. 15. — Les contestations entre les victimes d'accidents, les chefs d'entreprise ou la circonscription, relatives aux indemnités temporaires, aux frais de maladie et aux frais funéraires, sont jugées en dernier ressort par le juge de paix du canton où l'accident s'est produit.

Art. 16. — En ce qui touche les autres indemnités prévues par la présente loi, le dossier de l'enquête ordonnée par l'article 13 est transmis le jour même de la clôture au Président du Tribunal de l'arrondissement où l'accident a eu lieu. Celui-ci convoque dans les cinq jours la victime ou ses ayants droit, le chef d'entreprise, qui peut se faire représenter par l'un de ses employés, et le représentant de la circonscription. S'il y a accord des parties intéressées, l'indemnité est définitivement fixée par l'ordonnance du président, qui donne acte de cet accord.

Si l'accord n'a pas lieu, l'affaire est renvoyée devant le Tribunal, qui

Amendements proposés par la Chambre de Commerce d'Angers et de Maine-et-Loire

jusqu'à ce que le plus jeune d'entre eux dépasse sa seizième année;

C. Si la victime est célibataire, pour les ascendants qui étaient à sa charge, **quel que soit leur nombre,** une rente viagère **globale de 20 0/0.**

Les rentes constituées en vertu de la présente loi sont incessibles et insaisissables.

Les contestations entre les victimes d'accidents et les chefs d'entreprise relatives aux indemnités temporaires, aux frais de maladie et aux frais funéraires, sont jugées par le juge de paix du canton où l'accident s'est produit, **dans les conditions de compétence ordinaire des juges de paix.**

Supprimer les mots : et le représentant de la circonscription.

Rédaction du projet de loi voté par la Chambre des Députés

statue comme en matière sommaire, conformément au titre XXIV, du livre II du Code de procédure civile.

Si la cause n'est pas en état, le Tribunal surseoit à statuer et l'indemnité temporaire continue à être servie jusqu'au jugement définitif.

Art. 17. — Les jugements rendus en vertu de la présente loi ne sont pas susceptibles d'appel. Ils sont exécutoires de plein droit. A cet effet, un simple extrait devra être délivré par le greffier dans la quinzaine au plus tard du prononcé du jugement et, pour les jugements rendus par défaut, dans la quinzaine qui suivra l'expiration du délai d'opposition.

Art. 24. — Les chefs d'entreprise peuvent individuellement ou réunis en association rester leurs propres assureurs. Ils devront verser à la caisse d'assurance contre les accidents, créée par la loi du 11 juillet 1868, qui prendra le nom de caisse nationale d'assurance contre les accidents :

1° Les capitaux nécessaires à la constitution des rentes et pensions allouées dans l'année précédente ;

2° Les sommes mandatées pour frais de perception et à tout autre titre ;

3° Les sommes provenant de la majoration de l'indemnité dans les conditions de l'article 20.

Amendements proposés par la Chambre de Commerce d'Angers et de Maine-et-Loire

Les jugements rendus en vertu de la présente loi sont susceptibles d'appel ; ils ne sont exécutoires de plein droit que s'il n'y a pas appel dans la quinzaine.

Les chefs d'entreprise peuvent, individuellement ou réunis en association, rester leurs propres assureurs ; **ils peuvent encore être assurés à des Compagnies d'assurances constituées suivant la loi, et dont la gestion sera conforme aux prescriptions d'un règlement d'administration publique.**

Les rentes et pensions accordées aux ayants droit seront garanties par le privilège des articles 2101 et 2104 du Code civil, ainsi que par l'impôt des quatre centimes additionnels spécifiés à l'article 30.

Dans le cas où l'article 24 du projet de loi serait maintenu, nous demandons d'ajouter au texte : « Ces capitaux seront remboursés aussitôt que les rentes qu'ils garantissent cesseront d'être dues. »

Rédaction du projet de loi voté par la Chambre des Députés

ART. 25. — Il est établi par la loi une assurance mutuelle à laquelle pourront adhérer les patrons ou chefs d'industrie qui n'auront pas voulu se faire leurs propres assureurs.

Les adhérents sont groupés par circonscriptions territoriales comprenant un ou plusieurs départements. Les départements de la Seine et du Nord pourront être divisés en plusieurs circonscriptions.

Un règlement d'administration publique déterminera le mode d'organisation, d'administration, de fonctionnement, ainsi que les attributions de la circonscription qui reçoit la personnalité civile.

Art. 26. — La somme à répartir chaque année par la circonscription entre ses adhérents, pour être versée à la Caisse nationale des accidents, comprend :

1° Les capitaux nécessaires à la constitution des rentes et pensions allouées dans l'année précédente ;

2° Les sommes mandatées pendant la même période au compte de la circonscription pour frais funéraires remboursées au chef d'entreprise, indemnités temporaires, frais médicaux et pharmaceutiques après les trente premiers jours ;

3° Les sommes mandatées pour frais d'administration, de perception ou à tout autre titre ;

4° Les sommes provenant de la réduction ou de l'augmentation de l'indemnité dans les conditions de l'article 20 ;

5° Les capitaux formant un fonds de réserve qui ne doivent pas dépasser le quart de la somme distribuée dans la dernière année.

Amendements proposés par la Chambre de Commerce d'Angers et de Maine-et-Loire

Supprimé.

Supprimé.

Rédaction du projet de loi voté par la Chambre des Députés

Amendements proposés par la Chambre de Commerce d'Angers et de Maine-et-Loire

Art. 27. — Le capital des rentes et le montant des indemnités payées en vertu de la présente loi aux victimes d'accidents est réparti entre chaque adhérent de la circonscription ou, s'il y a lieu, entre chaque industrie différente faisant partie d'un même établissement, proportionnellement au chiffre résultant pour chacun d'eux de la multiplication de son coefficient de risques par le montant des salaires des ouvriers et employés.

Supprimé.

Art. 28. — Sont admis à bénéficier d'une réduction de contribution pouvant s'élever à 3o o/o :

1o Les chefs d'entreprise administrativement surveillés qui produiront annuellement un certificat délivré par le service du contrôle ou de la surveillance, attestant qu'ils ont pris les mesures propres à prévenir les accidents ;

2o Les chefs de toutes autres entreprises qui produiront chaque année un certificat analogue délivré par les ingénieurs commis à cet effet par le Ministre du commerce et de l'industrie.

Supprimé.

Art. 29. — Il est institué auprès du Ministre du commerce et de l'industrie, et sous sa présidence, un Conseil supérieur des accidents du travail.

Le Conseil dressera, dans les six mois de la promulgation de la loi, une liste dans laquelle seront énumérées toutes les industries et professions.

Il indiquera la série des coefficients de risques susceptibles d'être appli-

Supprimé.

Rédaction du projet de loi voté par la Chambre des Députés

qués à chaque industrie ou profession, suivant les conditions dans lesquelles elles sont exercées. A chaque' industrie ou profession doivent correspondre plusieurs coefficients gradués.

Cette liste sera homologuée et rendue exécutoire par décret. Elle sera revisée tous les trois ans.

Le Conseil se composera de dix-sept personnes choisies par le Ministre du commerce, parmi lesquelles : deux sénateurs, deux députés, deux membres du Conseil d'État et le Directeur de la Caisse des dépôts et consignations.

ART. 3o. — Pour parer à l'insolvabilité des chefs d'entreprise et assurer le paiement à la circonscription des sommes dues par les adhérents insolvables :

1º Il sera ajouté au principal de la contribution des patentes des industriels visés par l'article 1er 4 centimes additionnels (o fr. o4) ;

2º Il sera perçu sur les mines une taxe de un franc (1 fr) par 10.000 fr. de valeur extraite d'après les estimations admises à la redevance.

Le produit de ces impôts, dont le taux sera majoré ou réduit chaque année par la loi de finances suivant les résultats constatés dans l'exercice précédent, servira à constituer un fonds spécial de garantie dont la gestion sera confiée à la caisse d'assurance contre les accidents. Cette caisse assurera le paiement des indemnités dues aux victimes ou à leurs ayants droit et exercera ses recours contre les chefs d'entreprise responsables.

Amendements proposés par la Chambre de Commerce d'Angers et de Maine-et-Loire

Supprimé.

Pour parer à l'insolvabilité des chefs d'entreprise et assurer le paiement **aux ayants droit** des sommes dues :

1º Il sera ajouté au principal de la contribution des patentes des industriels visés par l'article 1er, 4 centimes additionnels (o fr. o4) ;

2º Il sera perçu sur les mines une taxe de 1 franc par 10.000 francs de valeurs extraites d'après les estimations admises à la redevance.

Le produit de ces impôts, dont le taux sera majoré ou réduit chaque année par la loi de finance, suivant les résultats constatés dans l'exercice précédent, servira à constituer un fonds spécial de garantie dont la gestion sera confiée **à la caisse d'assurance contre les accidents créée par la loi du 11 juillet 1868**. Cette caisse assurera le paiement des indemnités dues aux victimes ou à leurs ayants droit, ou ,

Rédaction du projet de loi voté par la Chambre des Députés

Amendements proposés par la Chambre de Commerce d'Angers et de Maine-et-Loire

exercera ses recours contre les chefs d'entreprise responsables.

ART. 31. — Un règlement d'administration publique déterminera les règles relatives au mode de répartition des indemnités et à leur recouvrement.

Supprimé.

ART. 32. — Le service des rentes et pensions dues en vertu de la présente loi est fait à Paris par la Caisse nationale d'assurance, et dans les départements par l'intermédiaire des receveurs des finances et des percepteurs.

Supprimé.

ART. 33. — Pendant la première année, la Caisse nationale fonctionnera au moyen des capitaux appartenant à la Caisse d'assurance contre les accidents créée par la loi du 11 juillet 1868.

L'excédent qui restera disponible en fin d'année sera attribué aux fonds de réserve.

Les avances nécessaires au fonctionnement de la Caisse lui seront faites dans les années suivantes par la Caisse des dépôts à un taux fixé par décret rendu sur la proposition du Ministre des Finances et du Ministre du Commerce.

Supprimé.

ART. 34. — Un règlement d'administration publique déterminera les conditions d'organisation et de fonctionnement de la Caisse nationale, la publicité à donner à ses opérations et la quotité du fonds de réserve ainsi que le mode d'emploi de ses capitaux.

Supprimé.

Justification des amendements proposés par la Chambre de Commerce d'Angers et de Maine-et-Loire.

Art. 3. — La Chambre de Commerce pense qu'il serait désirable que l'industrie fût en état d'accorder aux ouvriers frappés d'incapacité absolue et permanente une rente égale aux 2/3 de leur salaire, mais elle croit que c'est imposer à la moyenne et à la petite industrie, déjà fortement ébranlées par la concurrence des grandes entreprises, une charge au-dessus de leurs forces, puisque les représentants de la grande industrie considèrent cette charge comme déjà trop lourde pour leurs usines. C'est pourquoi la Chambre propose de s'en tenir pour le cas d'incapacité absolue et permanente, aussi bien que pour les cas d'incapacité partielle, permanente ou temporaire, à une rente de 5o o/o du salaire ou de la réduction que l'accident aurait fait subir au salaire.

Si nous proposons un taux uniforme pour les infirmités permanentes absolues, partielles et temporaires, c'est que nous pensons qu'aucune bonne raison ne peut être invoquée pour adopter, comme le fait le projet de loi, 66 o/o dans les deux premiers cas et 5o o/o dans le troisième.

La Chambre voit dans l'adoption de ces deux taux, dont rien ne justifie à ses yeux l'inégalité, une contradiction manifeste. Les raisons de simulation données, en faveur de cette inégalité, par M. Boucher, ministre du Commerce, nous paraissent contredites par la réalité des faits ; les incapacités partielles permanentes ne sont-elles pas, en effet, de nature à exciter les simulateurs avec une énergie d'autant plus grande que la somme à toucher sera plus considérable et sera payée plus longtemps ?

Paragraphe B. — Nous repoussons obsolument la répartition faite au prorata du nombre des enfants, parce que l'industriel, en embauchant l'ouvrier, ne doit pas se préoccuper du nombre des enfants qui composent sa famille, si ce n'est pour préférer le père de nombreux enfants au père d'un enfant unique.

Or, le projet de loi, s'il était voté tel quel, inciterait le patron à une préférence destructive de la famille, en lui faisant voir une diminution de risques dans le choix des pères d'un enfant unique, et les chefs de famille nombreuse seraient donc exposés à se voir délaissés.

Le projet de loi se charge lui-même de démontrer le grave défaut de la répartition, en s'arrêtant au quatrième enfant, comme si le père de six ou huit enfants n'était pas, en vertu du principe posé, digne d'une rente plus forte que le père de quatre enfants !

Si la loi, malgré le taux élevé de 66 o/o qu'elle n'a pas osé dépasser, est obligée de sanctionner cette chose illogique, que les familles de six et huit enfants auront une rente égale à celles de quatre enfants, ne pouvons-nous pas en conclure que la voie dans laquelle elle est entrée est un chemin sans issue ?

La Chambre de Commerce d'Angers et de Maine-et-Loire refuse donc d'admettre le principe accepté par la Chambre des Députés de l'indemnité familiale, corollaire d'un autre principe non moins contestable, celui du salaire familial. S'il fallait payer le travail des ouvriers, non plus en tenant compte de leur habileté ou du taux possible des salaires, mais du nombre de leurs enfants, où arriverions-nous ? A l'absurde !

Nous estimons donc qu'il vaudrait mieux admettre, quel que soit le nombre des enfants, une rente globale comme indemnité de la perte d'un père ou d'une mère, dont le salaire seul est à considérer, parce que la privation de ce salaire est la seule perte que l'accident ait imposée à la famille,

quel que soit le nombre des membres de cette famille. L'indemnité qui lui est allouée n'est pas une charité, elle est
uniquement la réparation d'un dommage.

Nous nous arrêtons dans le service des rentes aux enfants,
à l'âge de seize ans : 1° parce que, à cet âge, les ouvriers
gagnent déjà un salaire appréciable ; 2° parce que, notre
indemnité globale étant servie jusqu'à la seizième année du
plus jeune de tous les enfants, ces orphelins conserveront
plus longtemps que dans le projet de loi la jouissance de la
rente.

ART. 15. — Nous croyons qu'il n'est pas prudent de faire
juger en dernier ressort ces différends par les juges de paix,
et de changer leur compétence en matière d'accidents plutôt
qu'en aucune autre matière.

ART. 16 et 17. — Les graves responsabilités pécuniaires
qu'entraînent les jugements rendus par le tribunal de première instance pour les industriels, exigent que le droit
d'appel soit maintenu.

En admettant l'appel il faudrait, nécessairement, décider
que les jugements ne seront pas exécutoires, sans quoi il
pourrait advenir que, le blessé ayant dépensé l'indemnité
touchée par suite d'un jugement, le patron se trouverait
en présence d'un insolvable si le jugement arrivait à être
réformé.

ART. 24. — Nous protestons énergiquement contre l'obligation imposée aux industriels restant leurs propres assureurs ou réunis en association de verser le capital des rentes
allouées aux ouvriers. Par cette obligation, une somme
énorme de capitaux serait enlevée à l'industrie pour devenir
improductive entre les mains de l'État ; pour beaucoup
d'industriels le versement de ce capital provoquerait l'arrêt
immédiat de leurs entreprises.

En salaires annuels versés à leurs ouvriers, les industriels
sont actuellement solvables pour des sommes singulièrement
plus considérables que celles réclamées par le projet de loi,

comme dépôt de garantie des rentes et, néanmoins, actuellement, ils sont solvables dans la proportion de 996 pour mille, toujours au dire de M. le Ministre du commerce ! Où donc est l'utilité d'une semblable mesure, si ce n'est pour faire affluer dans la caisse de l'État des capitaux considérables ? Notre amendement offre du reste des garanties suffisantes par le privilège accordé aux ouvriers et par le fonds de réserve des 4 centimes additionnels.

Art. 25, etc., à 30. — La Chambre s'élève contre l'innovation des circonscriptions territoriales et contre la personnalité civile qu'elles reçoivent. Ces circonscriptions territoriales, composées d'éléments hétérogènes, d'importance inégale, offrant des risques absolument différents, dont les coefficients ne pourront jamais être déterminés d'une façon équitable par un conseil des accidents, quelle qu'en soit la composition, sont des rouages d'une complication inouïe. Il y a là une difficulté d'organisation insurmontable, et le fonctionnement de cette énorme entreprise entraînerait la création de milliers de fonctionnaires s'immisçant à tout propos dans les affaires industrielles ? Il en résulterait des frais énormes pour les patrons qui paieront ces fonctionnaires, des difficultés sans nombre pour arriver à créer une mutuelle faisant concurrence aux Compagnies d'assurances ou aux associations actuelles ou futures.

Art. 30. — La Caisse d'assurance contre les accidents, créée par la loi de juillet 1868, pourrait suffire à recevoir le produit des 4 centimes additionnels et à le distribuer, par l'entremise des trésoriers-payeurs et des percepteurs, dans les cas fort rares où les industriels ne pourraient payer les rentes aux ayants droit ?

(Extrait des délibérations de la Chambre de Commerce d'Angers et de Maine-et-Loire.)

Angers, imp. Germain et G. Grassin. — 1898.